DISCOURS

PRONONCÉ

PAR M. L'ABBÉ GUILLON,

Chanoine de Notre-Dame, et Professeur d'Éloquence sacrée dans la Faculté
de Théologie de Paris,

A L'OCCASION DE LA CÉLÉBRATION DU MARIAGE

DE

M. J. C. MICHEL avec Mlle. A. A. MICHAU,

Dans l'Église paroissiale de Saint-Merry, le 22 Février 1817.

QUE *le Dieu d'Abraham, d'Isaac et de Jacob
soit avec vous; que ce soit lui-même qui préside
à votre union, et qu'il vous comble de ses bénédictions.* Ce furent-là, Monsieur et Mademoiselle,
les paroles que Raguel prononça au moment où il
unissoit au jeune Tobie l'épouse que le ciel lui

avoit destinée (1). Cette touchante prière, ce tendre vœu ne restèrent point stériles. L'Ange que le Seigneur avoit envoyé près de ce digne fils du patriarche Tobie, pour lui servir de guide dans ses voyages, et le défendre contre tous les dangers, étoit présent. Il les fit monter jusques au Trône de la divine Miséricorde, pour en faire redescendre les plus abondantes bénédictions (2). Époux vertueux, Tobie et Sara sont encore aujourd'hui proposés pour modèle des alliances heureuses. Le Dieu de leurs pères conserva long-temps à leur tendresse les parens dont les salutaires instructions et les exemples, toujours bien plus persuasifs que les discours, les avoient dirigés dans les voies de l'innocence et de la justice. Ils virent s'accroître, avec une nombreuse postérité, l'héritage que la bonté du ciel leur avoit préparé. La religion, la piété, la miséricorde envers les pauvres, la patience dans les épreuves, la confiance au Seigneur, toutes les vertus domestiques étendant autour d'eux, comme parle l'historien sacré, leur douce influence, se perpétuèrent dans cette race bénite, et y fixèrent, pour ainsi dire, avec

***

(1) Tob. VII. 15.

(2) XII. 12.

l'amour et la vénération des hommes , les faveurs de Dieu les plus signalées (1).

Ces mêmes paroles , ces tendres souhaits , après lesquels il n'en reste plus d'autres à former, l'Église les fait entendre à ses enfans dans de semblables circonstances (2). C'est encore par ces touchantes expressions qu'elle commence les prières qu'elle adresse en votre faveur , Monsieur et Mademoiselle , au Dieu des miséricordes. C'est là tout l'esprit de l'auguste cérémonie dont vous êtes l'objet. Mêlées au sang de la victime sainte qui repose sur nos autels , vos prières et les nôtres s'élèveront ensemble vers le trône du Père de tous les dons , pour en revenir chargées de toutes les bénédictions. Les Anges sans cesse prosternés aux pieds de la Majesté suprême , et tous les cœurs ici présens , confondant leurs vœux dans un même sentiment, répètent avec nous l'hymne nuptial. « Que le Dieu
» d'Abraham , le Dieu d'Isaac , le Dieu de Jacob
» soit avec vous; que ce soit lui, lui − même qui
» vous unisse , et qui serre les nœuds de votre
» alliance ; qu'il vous prévienne de ses bienfaits,

----

(1) Tob. XIV. 17.

(2) Messe des Époux, à l'Introït , et formule de la bénédiction de mariage.

» et qu'il vous remplisse de ses bénédictions » :
» *Deus Abraham, Deus Isaac et Deus Jacob vobiscum sit, et ipse conjungat vos, impleatque benedictionem suam in vobis.*

Ces vœux que la seule charité chrétienne nous inspireroit, mais auxquels la tendre amitié qui me lie à votre famille ajoute encore une si douce et si puissante énergie, ils seront exaucés. Comme les vertueux époux dont nous venons de rappeler l'histoire à vos souvenirs, vous obtiendrez les bénédictions du ciel. Vous avez marché sur leurs traces ; vous mériterez à votre tour d'être proposés pour modèles des heureuses alliances. A leur exemple, fidèles à la loi du Seigneur, dociles aux commandemens de son église, vous transmettrez à vos enfans ce que vous avez reçu de vos pères. Déjà votre présence dans ce temple est un acte de profession de foi religieuse, un éclatant hommage rendu à notre discipline catholique. Habitans d'une patrie terrestre, vous n'avez pas oublié que vous étiez citoyens d'une autre patrie qui avoit aussi son code et ses obligations. Instruits à l'école de la religion qu'il y a dans le mariage autre chose qu'un contrat politique, vous avez cherché, dans les cérémonies de son église, et dans la bénédiction de son ministre, une garantie plus solide à vos engagemens, une base plus ferme aux devoirs dont vous vous êtes fait déjà une si douce étude, à vos promesses une sanction plus vénérable, plus indépendante de vous-mêmes.

Vous le savez tous, Chrétiens ici rassemblés, partout où l'homme aussi essentiellement religieux qu'il est nécessairement social, a pu se livrer à cet instinct sublime qui le met en rapport avec la divinité, il s'est empressé de venir aux pieds de ses autels, mettre en dépôt dans les mains de la religion l'alliance nuptiale. Chez nous-mêmes, cette doctrine immémoriale, universelle, n'a paru s'éclipser un moment, qu'alors qu'un linceul funèbre eut couvert à-la-fois toutes les institutions religieuses, civiles et politiques.

Plus éloquemment donc que toutes nos paroles, vos propres cœurs, j'en appelle à votre seul témoignage, Chrétiens, qui que vous soyez ici présens, oui vos propres cœurs, et l'autorité de tant de déplorables expériences, vous ont suffi pour vous apprendre qu'un engagement tel que celui du mariage ne pouvoit, sans risque, être abandonné au caprice de nos passions humaines, à la mobilité de nos institutions arbitraires et toujours changeantes, à un vain simulacre d'une police sans action sur les consciences, et à une impuissante responsabilité qui n'auroit que des hommes pour témoins. Plus éloquemment que toutes nos paroles, vos propres cœurs, éclairés, fécondés par les saintes inspirations du christianisme, auroient suffi, à vous surtout, Monsieur et Mademoiselle, pour vous convaincre que la religion seule peut intervenir efficacement dans la législation des sermens et des contrats, parce que son empire commence là où finissent toutes les conventions de la terre; parce que seule elle a la force de comprimer des désirs inquiets et emportés; seule elle consacre les devoirs qu'elle impose, et adoucit les sacrifices qu'elle commande; qu'un Dieu n'est donc pas de trop pour être le législateur d'une alliance à laquelle s'attachent les destinées de toute la vie; d'une alliance dont l'intérêt, embrassant à-la-fois et vos personnes et les enfans qui naîtront de votre sein, pénétrant l'universalité des rapports qui vont désormais vous lier plus intimement à la société, parcourant le cercle entier des jours que vous aurez à passer ici bas, franchit les bornes de la vie présente, pour s'étendre jusques sur le temps où vous ne serez plus; qu'enfin, par une conséquence nécessaire, l'Évangile qui proclame la sainteté et l'indissolubilité du mariage, n'est, à le bien définir, que l'expression simple de la raison, et le vrai code de la nature.

Ministre de cette religion divine dont vous faites gloire d'être les disciples, je remplis auprès de vous, Monsieur et Mademoiselle, l'office de l'Ange conducteur du pieux Tobie. J'oserai donc vous dire : « Nous sommes les enfans des Saints (1) ; ce » seroit déshonorer la noblesse de notre origine, » que d'apporter, dans le mariage, les mœurs fri- » voles et corrompues des Gentils, qui ne con- » noissent point Dieu. » En l'élevant à la dignité de sacrement, notre divin Maître lui a imprimé un caractère auguste qui vous oblige à des droits sacrés tant à l'égard l'un de l'autre qu'envers vous-mêmes, et vous rendent, par avance, les tributaires des enfans que la Providence promet à vos vœux. S'il est vrai, comme il ne nous est pas permis d'en douter, puisque c'est l'oracle même de la vérité, l'Esprit Saint, qui nous l'apprend par la bouche de Saint Paul, que l'alliance conjugale soit l'image de l'union de Jésus-Christ avec son Église ; vous, Monsieur, vous aimerez votre épouse comme une portion de vous-même ; et vous, Mademoiselle, vous serez soumise à votre époux comme l'Église l'est à Jésus - Christ (2). Souvenez - vous l'un et

---

(1) *Filii quippè sanctorum sumus, et non possumus ità conjungi, sicut gentes quæ ignorant Deum.* Tob. VIII, 5.

(2) Ephes. V. 23, I, Cor. XI.

l'autre que désormais vous serez ensemble *une même chair et un même cœur* (1). Ensemble vous porterez le joug du Seigneur, et marcherez dans la carrière des vertus chrétiennes. Par les épanchemens d'une confiance mutuelle, vous multiplierez les biens et les prospérités que la bonté du ciel réserve à ceux qui le servent. Vous soulagerez, en le partageant, le poids des tribulations inséparables de notre condition mortelle. Providence vivante de vos enfans que vous verrez croître autour de vous, et qui ramèneront vos pensées aux jours où vous leur ressembliez, vous leur donnerez tous les soins d'une éducation chrétienne; vous veillerez à leurs plus précieux intérêts, en les conduisant dans les voies de la sagesse et de la véritable science.

Eh ! pourriez-vous jamais, Monsieur et Mademoiselle, les oublier ces devoirs sacrés, quand au sein de vos familles, tout ce qui vous environne en porte sans cesse dans vos âmes les douces insinuations, en reproduit les témoignages les mieux faits pour intéresser votre sensibilité, comme pour enflammer votre émulation? Vous, Monsieur, ce sont là les leçons journalières que vous donnoit l'exemple d'un père, d'une mère dont les vertus

---

(1) Gen. II, 23, Math. XIX, 5.

nous retracent les temps qui, hélas! n'existent plus que dans nos souvenirs et dans nos regrets. La religion, la probité, l'honneur n'ont point été pour eux de vains noms. C'est par la rigoureuse fidélité à ces saintes lois, qu'ils ont acquis l'excellente renommée dont ils jouissent, et qui fit de tout temps la première, la plus sûre richesse de la noble et si utile profession à laquelle vous-même vous vous êtes attaché. Continuez à les prendre pour modèles; et, fidèle imitateur de leurs vertus, vous mériterez à votre tour d'être cité pour exemple à vos enfans. Malgré l'apparente indépendance où vous entrez, ne cessez jamais de prendre leurs conseils; et que leur expérience éclaire et soutienne toutes vos entreprises. Le fils du patriarche Tobie avoit votre âge, quand il se donna pour épouse la fille du vertueux Raguel. Comme lui, vous fûtes voyageur. Au moment où vous alliez vous éloigner de sa présence pour des contrées lointaines, je crois le voir, votre respectable père, je crois l'entendre, les mains suspendues sur votre tête, vous dire, en mêlant ses larmes à ses bénédictions : « Mon fils, craignez Dieu, vivez fidèle » à la loi de nos pères; mourez, s'il le faut, pour » la défendre. Quand le Ciel et votre cœur vous » auront choisi une épouse, chérissez-la, respec- » tez-la; que vos affections les plus chères, que

» vos attentions les plus délicates, que votre cœur
» tout entier soient pour elle. Que l'Ange du Sei-
» gneur vous accompagne dans ces régions étran-
» gères que vous allez parcourir ; qu'il vous ra-
» mène à nous, riche, surtout, des trésors de la
» vertu, et que Dieu vous tienne lieu de votre père.
» *Deus sit in itinere, et Angelus ejus comitetur.* »
Heureux parens ! Heureux fils ! ce jour enfin répare
de longues privations, et acquitte tous vos souhaits.

Et vous, Mademoiselle.... A ce moment permettez que je m'interrompe moi-même pour céder
aux vives émotions que je partage avec les tendres
parens que votre bonheur rassemble. C'est pour la
dernière fois que vous allez être appelée de ce nom,
auquel s'attacheront toujours pour vous de si doux
souvenirs : un autre nom vous attend au sortir de
ce temple ; et avec lui d'autres liens, une existence
nouvelle. Vous aussi vous allez être séparée de
cette famille et si tendre et si chérie, où chacune
des vertus dont s'embellit la société, se montroit
sans cesse à vos regards, parée des plus doux at-
traits. Vous ne les verrez plus, à chacune des
heures de la journée, et ce père, cet ami que vous
vous seriez choisi si la nature ne vous l'avoit donné,
et cette mère à qui votre seul aspect donnoit de si
touchantes consolations, et cette sœur si digne de
votre confiance, qui répondoit si bien à la vôtre,

et ces frères à qui vous allez coûter les premiers pleurs que vous leur aurez fait répandre. Vous aussi vous allez bientôt vous éloigner d'eux. Sera-ce pour des excursions lointaines ? non ; mais pour aller accroître une autre famille, y retrouver un père, une mère, des frères, des amis, et multiplier des affections qui, comme la lumière, peuvent s'étendre et se propager sans s'affoiblir ; y porter toutes les vertus du premier âge fortifiées par des vertus nouvelles. Partout, et toujours, bonne, naïve, pieuse, résignée, vous serez épouse empressée, mère courageuse et fidèle à tous vos devoirs, comme vous avez été fille tendre, sœur affectueuse, amie généreuse et compatissante.

Fidèles ici présens, vous tous que l'amitié ou la pompe de nos cérémonies religieuses a rassemblés dans ce Temple, la foi chrétienne découvre à vos regards les légions d'Anges, environnant sans cesse le trône du Dieu trois fois saint, à qui ils présentent nos hommages et nos prières. Unissez-vous à leur sainte compagnie pour glorifier ensemble le Seigneur ; n'attristez pas leurs cœurs par des pensées terrestres et par des joies mondaines ; que cette fête nuptiale ne soit pas pour vous un spectacle oiseux. Dans ce moment où je viens remplir au milieu de vous l'une des plus honorables, comme des plus consolantes fonctions de mon ministère, permettez que je vous rappelle, à vous tous, les commandemens du Maître que nous avons l'honneur de servir. Prêtre du Très-Haut, je vais remonter à l'autel, pour déposer aux pieds de la Majesté redoutable, avec le tribut de nos louanges, l'expression de nos vœux en faveur des deux époux que nous allons bénir. Prions pour eux, prions pour nous-mêmes, prions pour la Patrie et pour notre auguste Monarque de plus en plus si nécessaire au bonheur de cet Empire. Recevez tous la bénédiction du Seigneur, par les mains de son ministre : que le Dieu d'Abraham, d'Isaac, et de Jacob soit avec vous, qu'il vous unisse dans la paix, dans la concorde, dans la charité chrétienne : qu'il fasse descendre sur vous les plus abondantes bénédictions pour le temps et pour l'éternité. Au nom du Père et du Fils et du Saint-Esprit. Ainsi soit-il.